En la granja

Mariana Vargas
ilustrado por Rafael Mendoza

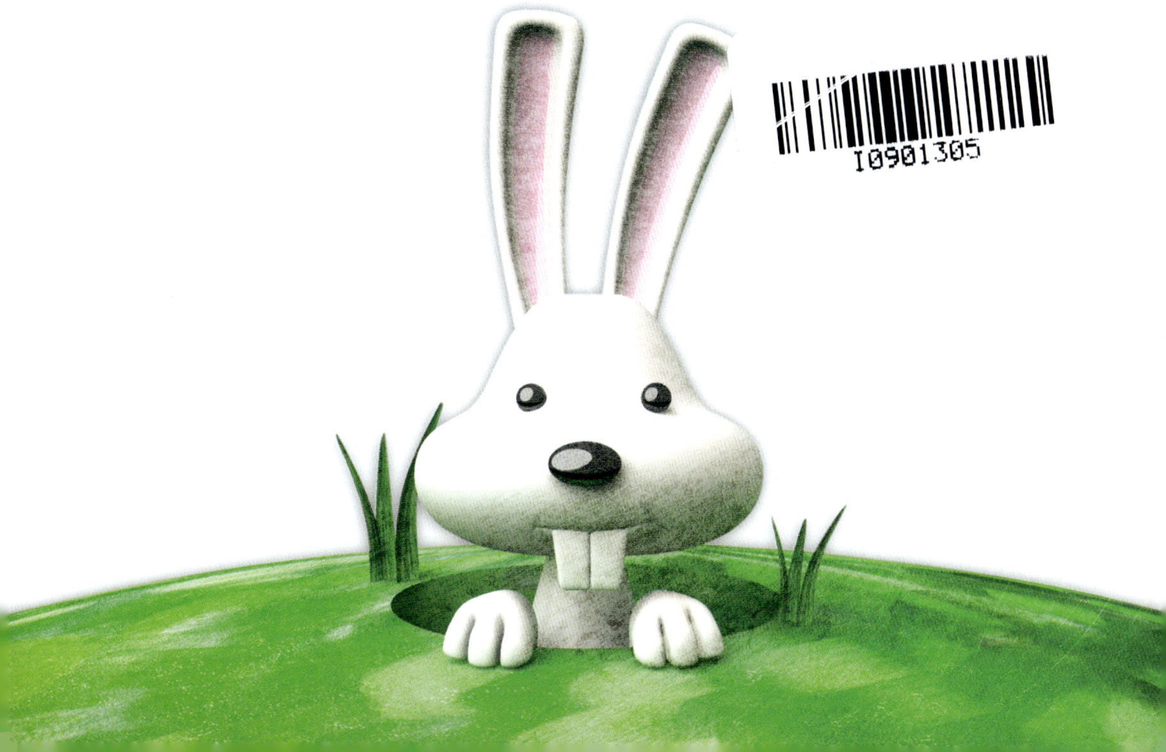

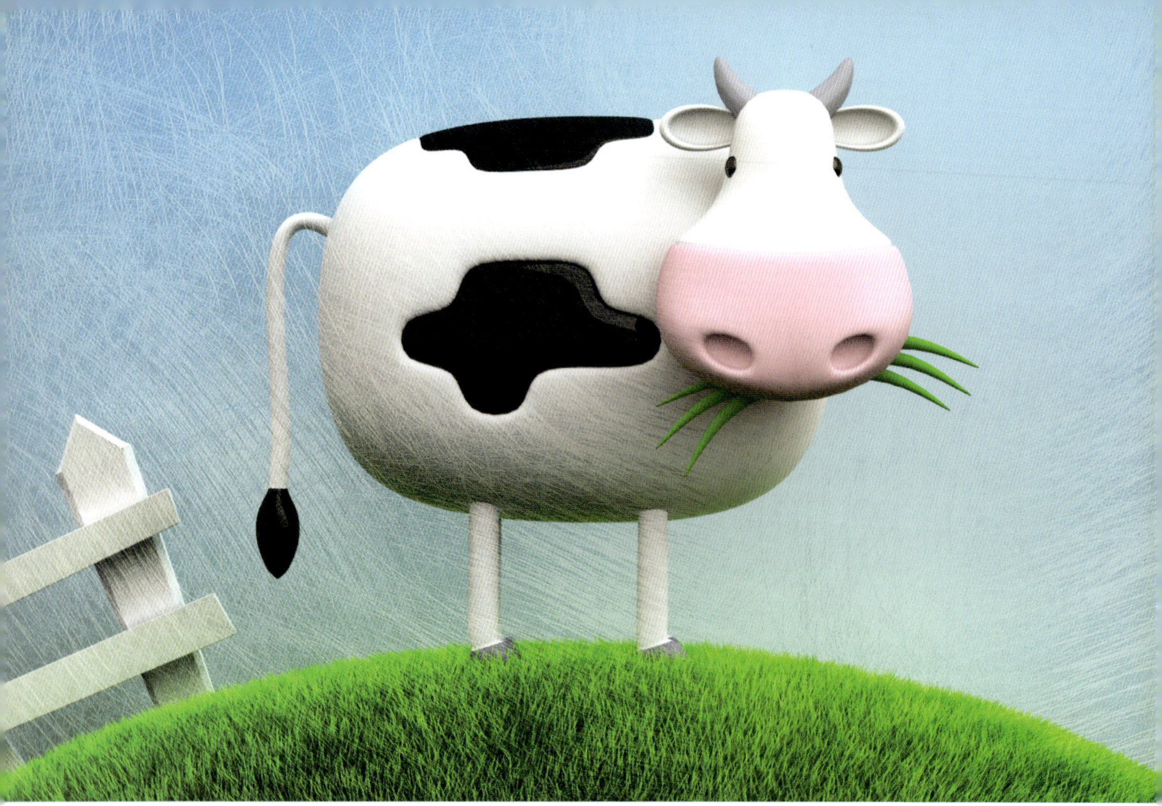

Le gusta el 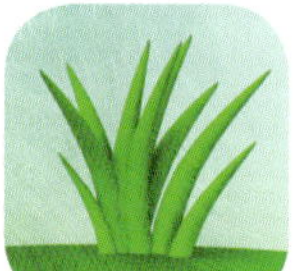 .

pasto

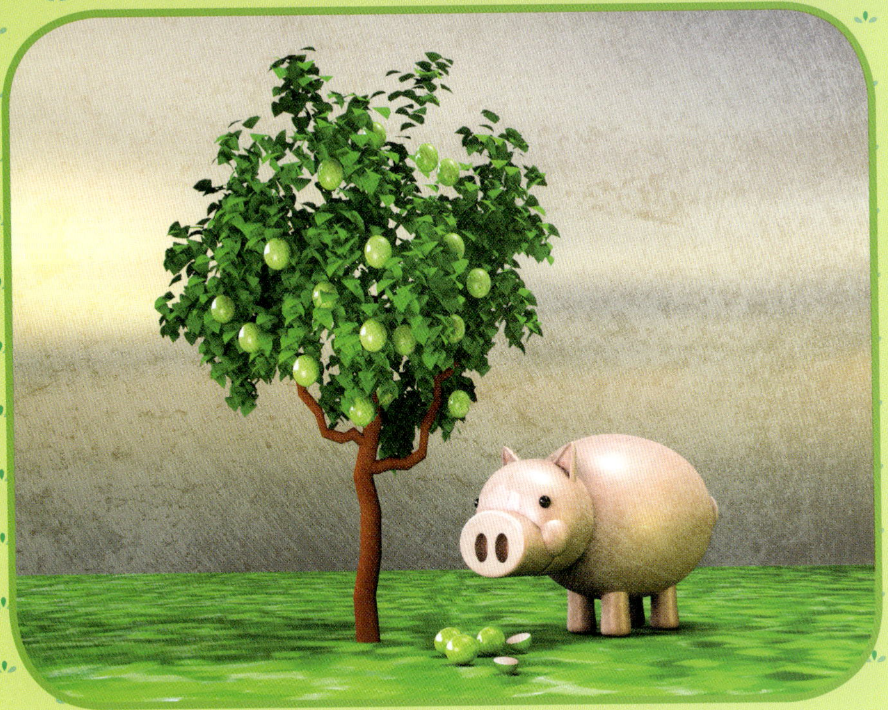

Le gusta la 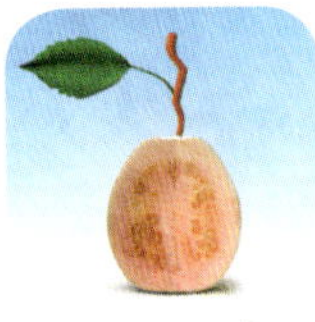 .

guayaba

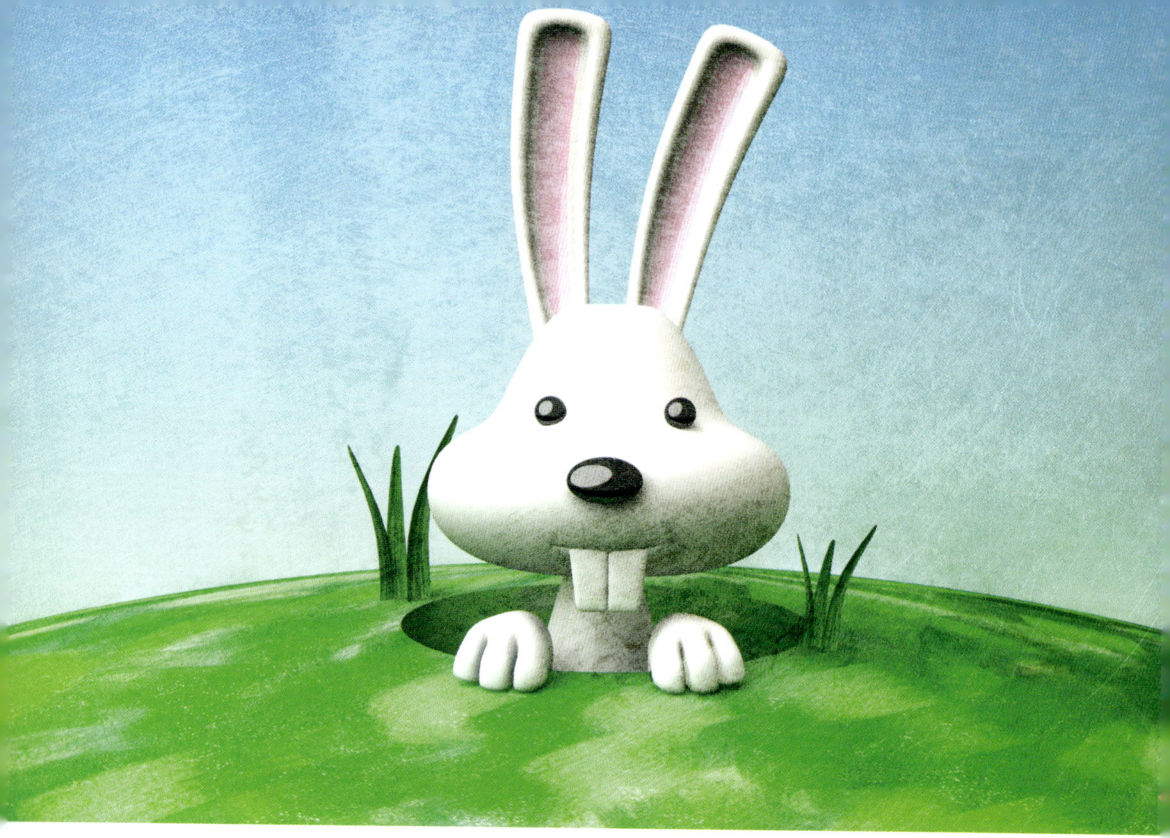

Le gusta el 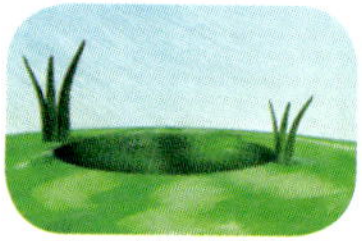 .

hoyo

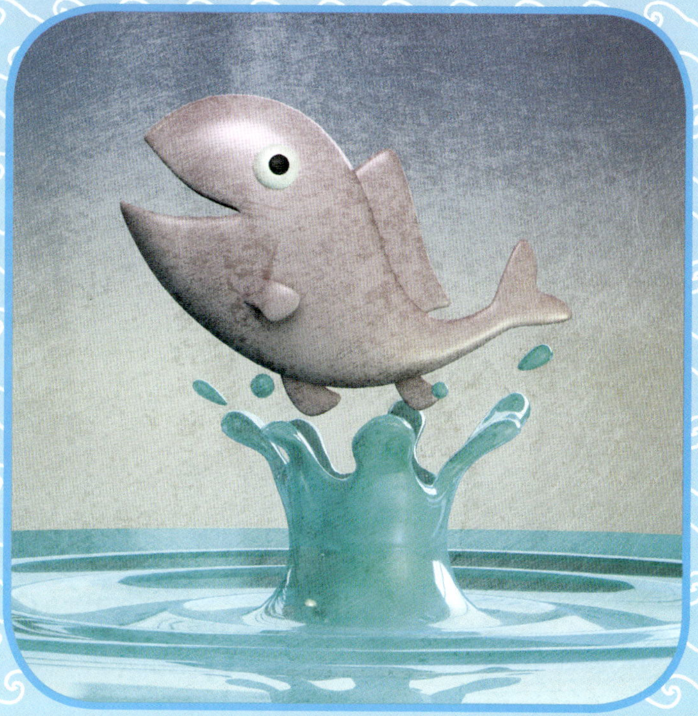

Le gusta el 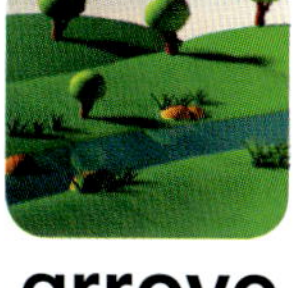 .

arroyo

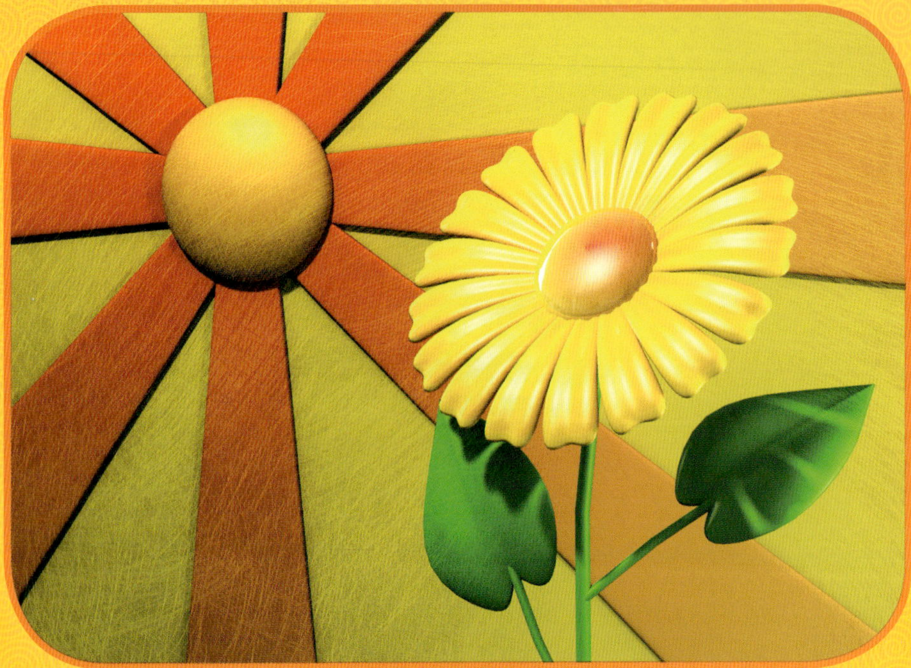

Le gusta el 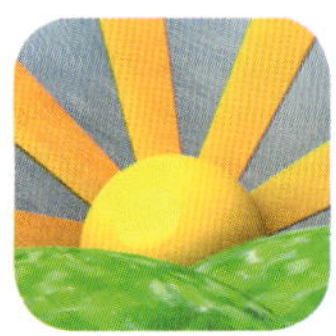 .

rayo de sol

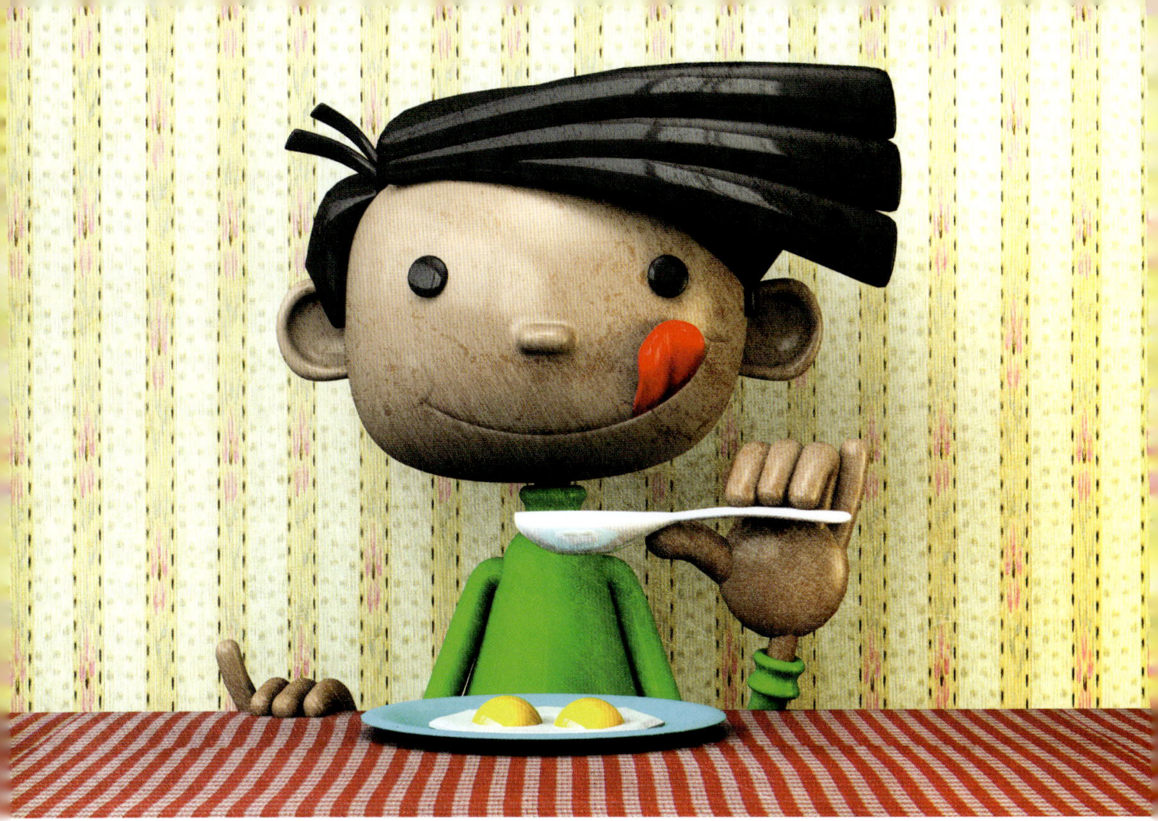

Le gusta la 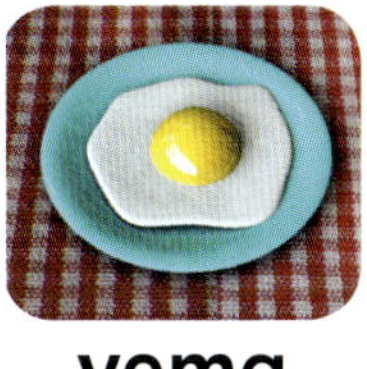 .

yema

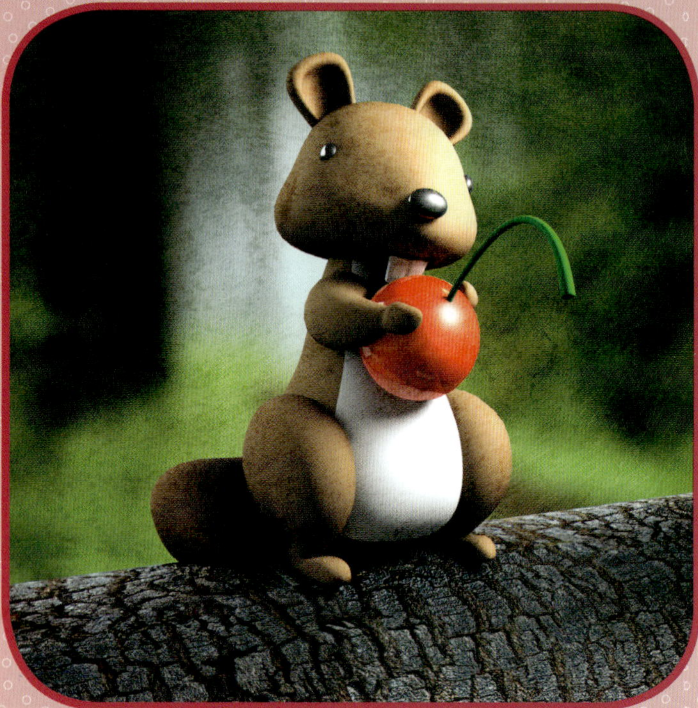

Le gusta la 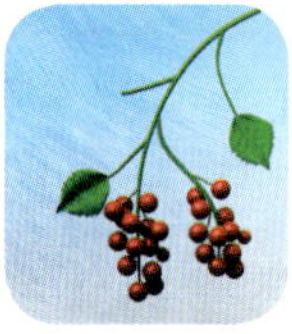 .

baya